LA BATAILLE D'ACTIUM

La fin d'un siècle de guerres civiles romaines

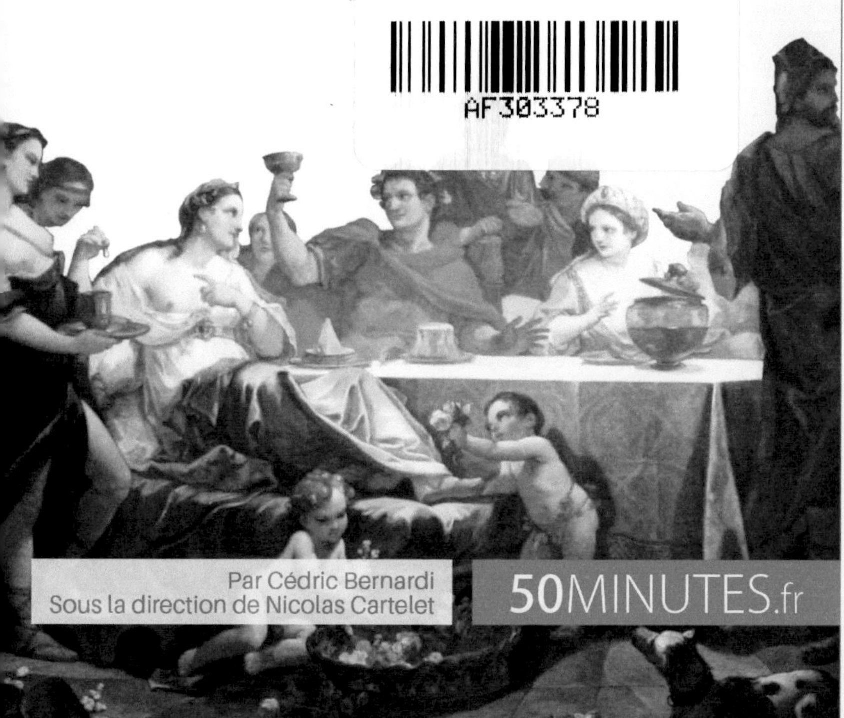

Par Cédric Bernardi
Sous la direction de Nicolas Cartelet

50MINUTES.fr

LA BATAILLE D'ACTIUM

La fin d'un siècle de guerres civiles romaines

Par Cédric Bernardi
Sous la direction de Nicolas Cartelet

50MINUTES.fr

LA BATAILLE D'ACTIUM

INTRODUCTION

Le 2 septembre 31 av. J.-C., le destin de la République romaine se joue à Actium, au large des côtes grecques. Deux généraux romains s'affrontent sur mer pour obtenir le pouvoir suprême : d'un côté se trouve Octave, fils de Jules César et défenseur de Rome ; de l'autre Marc Antoine, qui a fait d'Alexandrie sa capitale. La guerre civile héritée du conflit entre Jules César (homme d'État romain, 100 ou 101-44 av. J.-C.) et Pompée (homme d'État romain, 106-48 av. J.-C.) trouve là son aboutissement.

13 ans après l'assassinat de Jules César, la bataille d'Actium met un terme à une longue période de conflits internes à la République. Le vieux régime aristocratique, qui permettait au Sénat de tempérer les ardeurs des ambitieux, s'est effrité au cours du Ier siècle av. J.-C., laissant aux grands généraux les moyens de contrôler Rome. La victoire d'Octave, qui deviendra sous le nom d'Auguste, le premier empereur romain, est

l'aboutissement du processus de centralisation du pouvoir et d'abaissement des prérogatives sénatoriales.

Mais au-delà de la lutte entre deux hommes, Actium symbolise aussi l'affrontement entre deux mondes. En prenant la succession de Jules César, Octave se pose en défenseur de la puissance romaine. Marc Antoine, triumvir des territoires riches, mais lointains d'Orient, s'allie à l'Égyptienne Cléopâtre et s'affiche en monarque hellénistique, rompant avec l'autorité de Rome. Devant la lutte entre ces deux hommes, les commentateurs antiques ont cru assister à la lutte fratricide entre l'Orient et l'Occident. L'histoire est connue : c'est l'Occident qui en sort vainqueur, marquant la domination romaine en Méditerranée pour plusieurs centaines d'années.

DONNÉES-CLÉS

- **Quand ?** Le 2 septembre 31 av. J.-C.
- **Où ?** Au large d'Actium (Grèce)
- **Contexte ?** La guerre civile entre Octave et Marc Antoine
- **Belligérants ?** Octave et ses partisans contre Marc Antoine, l'Égypte et leurs partisans
- **Acteurs principaux ?**
  - Octave, homme politique romain (63 av. J.-C.-14 ap. J.-C.)
  - Marcus Vipsanius Agrippa, général et homme politique romain (63-12 av. J.-C.)
  - Marc Antoine, homme politique romain (83-30 av. J.-C.)
  - Cléopâtre, reine d'Égypte (vers 69-30 av. J.-C.)
- **Issue ?** Victoire d'Octave
- **Victimes ?**
  - Camp d'Octave : il est impossible d'estimer les pertes
  - Camp de Marc Antoine et de Cléopâtre : environ 5 000 morts

CONTEXTE POLITIQUE ET SOCIAL

UN ASSASSINAT LOURD DE CONSÉQUENCES

En 31 av. J.-C., Rome est sujette à la guerre civile depuis plusieurs dizaines d'années. Bien avant la bataille d'Actium, plusieurs grands hommes politiques se sont ainsi affrontés pour l'obtention du pouvoir suprême. Au milieu du Ier siècle av. J.-C., Jules César est parvenu à vaincre ses rivaux : Pompée, Caton d'Utique (95-46 av. J.-C.) ou encore Metellus Scipion (mort en 46 av. J.-C.) ont tous été défaits. Devenu le maître absolu de Rome, Jules César est pourtant poignardé en plein Sénat romain le 15 mars 44 av. J.-C. La conjuration est menée par Caius Cassius Longinus (mort en 42 av. J.-C.) et Marcus Junius Brutus (85-42 av. J.-C.), le fils adoptif de César. À cette époque, Marc Antoine est encore le fidèle lieutenant du défunt homme d'État, tandis qu'Octave est son petit-neveu.

Aucun d'eux ne prend part au complot et c'est en amis fidèles qu'ils pleurent la mort du dictateur. Lors des funérailles, Marc Antoine s'adresse directement au peuple romain et parvient à l'émouvoir en remémorant la gloire militaire du défunt. Il profite également de l'occasion pour accuser ouvertement Marcus Junius Brutus et Caius Cassius Longinus. Surexcitée par le discours, la foule réagit violemment : des révoltes éclatent partout dans la ville et les maisons des deux coupables sont incendiées.

Malheureusement pour lui, Marc Antoine est plus prompt à emporter l'opinion publique et dénonce un complot infâme : les deux meurtriers sont contraints de quitter Rome et de se réfugier en Orient.

Au moment des faits, Antoine est à Rome tandis qu'Octave se trouve en Grèce. Lorsqu'il apprend la triste nouvelle, ce dernier rentre rapidement : avant de mourir, Jules César a fait de lui l'héritier de tous ses biens. Il devient ainsi l'homme le plus puissant de Rome, car il récupère toutes les richesses et la clientèle du défunt. De son côté, Marc Antoine demeure le plus populaire. Entre les deux hommes, la rivalité ne fait que commencer.

ALLIANCE DES TRIUMVIRS CONTRE MARCUS JUNIUS BRUTUS ET CAIUS CASSIUS LONGINUS

En 43 av. J.-C., trois hommes décident d'unir leurs forces pour vaincre Marcus Junius Brutus et Caius Cassius Longinus, qui ont reformé une armée en Asie. Le second triumvirat voit le jour.

Le triumvirat est une alliance politique et militaire passée entre trois personnes. En 43 av. J.-C., Marc Antoine, Octave et Lépide (mort vers 13 av. J.-C.), ami proche de Jules César, concluent cette alliance. Les triumvirs obtiennent d'importants pouvoirs pour cinq ans renouvelables : ils peuvent notamment dresser une liste d'opposants dont les biens seront confisqués au profit de Rome. Cette entente est essentielle pour vaincre les meurtriers de Jules César et éviter qu'ils ne reviennent en Italie. Marc Antoine et Octave sont donc obligés de s'allier, car ils savent qu'il leur est impossible de les vaincre seuls, eux qui ont trouvé de grands renforts en Asie.

Marc Antoine et Octave partent donc les combattre en Grèce après avoir conclu leur alliance. La rencontre a lieu à Philippes (Macédoine) en 42 av. J.-C. : le premier parvient à vaincre Marcus Junius Brutus et Caius Cassius Longinus, qui préfèrent le suicide à la reddition, tandis que le second était souffrant lors de la bataille.

L'honneur de la victoire revient donc presque exclusivement à Marc Antoine.

Par la suite, les deux hommes renouvellent leur alliance et se partagent le monde romain :

* l'Afrique revient à Lépide ;
* les provinces occidentales (l'Italie, la Gaule et l'Espagne) à Octave ;
* les provinces les plus riches (la Grèce, l'Égypte et l'Asie Mineure) à Marc Antoine.

Dans un premier temps, les deux hommes administrent les affaires politiques sur un pied d'égalité. Pourtant, chacun d'eux cherche déjà, pour satisfaire ses ambitions personnelles, le moyen de prévaloir sur ses rivaux. Leur apparente unité est renforcée par le mariage, en 40 av. J.-C., entre Marc Antoine et Octavie (70-11 av. J.-C.), la sœur d'Octave.

Quatre ans plus tard, Octave accuse Lépide d'outrepasser ses prérogatives et le destitue de ses fonctions. Il ne reste que deux triumvirs pour se disputer la suprématie. Mais au lieu de partager l'Afrique et l'armée de Lépide avec Marc Antoine comme l'aurait voulu le principe d'égalité entre les trois généraux, Octave les confisque à son propre compte. Marc Antoine se plaint de cet abus sans obtenir gain de cause : les premières tensions naissent alors entre les deux hommes.

MARC ANTOINE EN ORIENT

Les sources antiques voient dans le départ de Marc Antoine en Orient l'origine de son triste destin. En effet, cette région est considérée par les Romains comme une terre de débauche et de luxure, qui affaiblit les corps et les esprits. On rapporte, par exemple, que Marc Antoine se laisse aller à la douceur de la vie grecque. Ces témoignages sont partiellement faux, car le général romain profite également de son temps pour préparer une importante campagne contre les Parthes.

BON À SAVOIR

Les Parthes sont un peuple très puissant vivant dans la Perse antique (l'Iran, l'Irak et l'Afghanistan actuels). À l'époque de Marc Antoine, ils sont de redoutables adversaires pour Rome. En effet, en

53 av. J.-C., ils ont tué environ 20 000 soldats romains au cours de la bataille de Carrhes, mettant en déroute les forces de Marcus Licinius Crassus (115-53 av. J.-C.). Dès qu'il prend ses fonctions en Orient, Marc Antoine envisage de venger cet affront.

Occupé aux préparatifs, Marc Antoine convoque Cléopâtre en Cilicie (région située au sud de la Turquie actuelle) afin qu'elle s'explique au sujet d'aides apportées à Marcus Junius Brutus et à Caius Cassius Longinus après l'assassinat de Jules César. Consciente de l'enjeu diplomatique de cette rencontre, la reine d'Égypte entreprend de séduire Marc Antoine, comme elle l'avait fait auparavant avec Jules César. La rencontre a lieu sur le bateau de la jeune femme où une fête somptueuse est donnée. L'entreprise est un succès et le triumvir tombe rapidement amoureux de cette reine que l'on dit raffinée et vive d'esprit. Pour beaucoup d'historiens antiques, cette union marque plus encore l'asservissement de Marc Antoine aux plaisirs orientaux : Cléopâtre aurait étouffé la noblesse et la vertu du Romain.

Malgré l'amour qu'il porte à Cléopâtre et aux plaisirs d'une vie oisive, Marc Antoine reste fermement décidé à lancer ses légions à l'assaut de l'Empire parthe. Rétrospectivement, sa campagne apparaît comme une entreprise désastreuse. En 37 av. J.-C., il part avec son armée composée d'environ 70 000 hommes, mais est arrêté par l'hiver rigoureux des montagnes arméniennes et son échec au siège de Phraaspa (36 av. J.-C.). Il doit rebrousser chemin et échappe de peu à la mort. Le bilan de cette désastreuse campagne est lourd : aux 25 000 victimes romaines s'ajoutent 8 000 morts dues au froid. À Rome, Octave et ses alliés sont persuadés que cette défaite est due à la passion que nourrit Marc Antoine à l'égard de Cléopâtre. Ils prétendent également que le général, dans son empressement à retrouver sa maîtresse, est responsable des 8 000 pertes supplémentaires, ayant poussé ses troupes plus que de raison. Dès lors, Octave ne peut lui pardonner cette campagne honteuse. Marc Antoine tente toutefois de faire oublier sa défaite en repartant à l'assaut des territoires parthes l'année suivante, mais il échoue encore et se rattrape en envahissant l'Arménie, alors alliée de Rome. Suite à cette petite victoire, il célèbre un triomphe à Alexandrie, et, pour la première fois de l'histoire de Rome, un général romain décide de l'organiser en dehors de l'Italie. Marc Antoine vit désormais à Alexandrie, capitale du royaume d'Égypte, et s'affirme de plus en plus comme un monarque hellénistique.

LA ROMAINE ET L'ÉGYPTIENNE

Peu à peu, Marc Antoine prend des décisions difficilement supportables pour les Romains. En effet, après son triomphe, il offre des territoires romains aux trois enfants qu'il a eus avec Cléopâtre. L'Arménie, la Phénicie, la Syrie et la Cilicie sont données en succession : c'est donc la reine d'Égypte qui devient de fait propriétaire de ces terres. À Rome, ces mesures sont considérées comme des affronts. Ajoutons à cela l'injure qu'il fait à la famille d'Octave puisqu'il est encore marié avec Octavie.

Il ne faut pas sous-estimer la rivalité qu'il existe entre les deux femmes : elle fait partie intégrante des causes du futur conflit entre Marc Antoine et Octave. En effet, Octavie se comporte comme une épouse irréprochable, et les nombreuses humiliations qu'elle subit de la part de son époux ne font qu'attiser les tensions avec Octave. La situation ne s'arrange guère en 32 av. J.-C. lorsqu'elle est répudiée par Marc Antoine. C'en est trop pour Octave qui tient là son *casus belli* : l'affrontement est maintenant inévitable.

AUX ORIGINES DE LA GUERRE : LE TESTAMENT DE MARC ANTOINE

Pour que la guerre éclate, Octave doit encore convaincre le Sénat de prendre part à sa campagne. C'est à cette fin qu'il divulgue le contenu du testament de Marc Antoine, dans lequel sont précisées les donations faites aux enfants qu'il a eus avec Cléopâtre. Le général y nomme également son successeur qui n'est autre que Césarion, le fils de Jules César, et spécifie qu'il souhaite être inhumé à Alexandrie et non à Rome, comme le veut pourtant la tradition. Dès lors, Marc Antoine apparaît aux yeux de tous comme un prince oriental ennemi de Rome.

Dans ce conflit politique, Octave se présente comme la victime offensée par la répudiation de sa sœur. Par ailleurs, il se montre garant des traditions romaines et prétend défendre les intérêts de Rome contre l'Orient. La lecture du testament de Marc Antoine provoque l'effet escompté : à Rome, les derniers indécis se rangent définitivement au côté d'Octave. Il faut préciser qu'en 32 av. J.-C., la guerre est déclarée non pas contre Marc Antoine, mais contre Cléopâtre, véritable responsable de la guerre pour les Romains. Toutefois, si Octave se prétend l'ennemi de cette reine avide de conquêtes, il trouve également dans ce conflit l'occasion de se débarrasser du dernier opposant à son hégémonie.

ACTEURS PRINCIPAUX

OCTAVE,
HOMME POLITIQUE ROMAIN

Octave (Caius Octavius Thurinus), que l'on appelle également Octavien, est né en 63 av. J.-C. Il a 32 ans lorsqu'éclate la bataille d'Actium. Il est le petit-neveu de Jules César et son fils adoptif depuis le décès de celui-ci. Allié dans un premier temps avec Marc Antoine, ils forment avec Lépide un triumvirat afin de vaincre les assassins du défunt. Une fois Marcus Junius Brutus et Caius Cassius Longinus vaincus, Marc Antoine et Octave se retrouvent seuls dans la course au pouvoir suprême. Dans les années 30 avant notre ère, une rivalité constante entre les deux hommes se développe et la guerre devient rapidement inévitable. Publiquement humilié par Marc Antoine après la répudiation de sa sœur, Octave déclare la guerre à l'Égypte de Cléopâtre suite à la lecture du testament de Marc Antoine devant le Sénat de Rome.

À Actium, le 2 septembre 31 av. J.-C., les deux hommes s'affrontent dans un combat décisif, duquel Octave ressort grand vainqueur. Après avoir débarqué en Égypte l'année suivante, il voit Marc Antoine et Cléopâtre se suicider tour à tour, devenant ainsi le détenteur unique du pouvoir absolu à Rome. Le 16 janvier 27 av. J.-C., Octave prend le surnom d'Auguste et instaure une nouvelle forme de gouvernement : le principat. Désormais sans rival et fier d'avoir mis un terme aux guerres civiles, il peut devenir en toute quiétude le premier empereur romain. Il demeure sur le trône impérial pendant plus de 41 ans.

Auguste meurt en l'an 14 de notre ère à l'âge de 77 ans, laissant derrière lui un empire romain plus puissant et plus prospère que jamais.

MARCUS VIPSANIUS AGRIPPA, GÉNÉRAL ET HOMME POLITIQUE ROMAIN

Marcus Vipsanius Agrippa, membre de la petite aristocratie romaine, est né en 63 av. J.-C. Soldat de métier, il est un ami proche d'Octave depuis sa jeunesse. En 44 av. J.-C., lors de l'assassinat de Jules César, il se trouve déjà aux côtés du futur empereur. Peu à peu, il fait office de bras armé d'Octave, au nom duquel il remporte deux victoires d'importance sur ses rivaux politiques, c'est-à-dire sur Pompée et sur Marc Antoine.

En tant que conseiller, il accède aux hautes sphères du pouvoir romain. Il participe notamment à l'instauration du principat et se fait nommer consul en 37 et en 28 av. J.-C. Il se rapproche encore de l'empereur en épousant sa fille Julie (39 av. J.-C.-14 apr. J.-C.). Il combat pour Rome jusqu'à la fin de sa vie et conquiert l'Hispanie ainsi que les territoires barbares situés sur le Danube. Il décède en 12 av. J.-C. et obtient la gloire d'un enterrement dans le mausolée de l'empereur.

MARC ANTOINE, HOMME POLITIQUE ROMAIN

Marc Antoine (Marcus Antonius), fils d'Antonius le Crétique (préteur, mort en 75 av. J.-C.), est né en 86 ou en 83 av. J.-C. Dans les années 40 avant notre ère, il prend le parti de Jules César dans sa lutte contre Pompée. Grand vainqueur des assassins du dictateur, Marc Antoine s'allie avec Octave et reçoit les provinces romaines d'Orient comme la Syrie, la Judée ou l'Asie Mineure. En Égypte, il mène plusieurs campagnes désastreuses contre les Parthes et rencontre Cléopâtre, dont il tombe amoureux. Ils vivent leur passion à Alexandrie, et ce malgré son mariage avec la sœur d'Octave.

Quelques années plus tard, ayant répudié Octavie et distribué illégitimement des possessions romaines aux enfants qu'il a eus avec Cléopâtre, Marc Antoine sait que la guerre est inéluctable. Lorsqu'a lieu la bataille d'Actium, il a plus de 50 ans, soit 20 de plus que son jeune rival. Défait et humilié par un comportement lâche – il fuit au milieu des combats –, Marc Antoine finit par se suicider en 30 av. J.-C. à Alexandrie, alors qu'il est sur le point d'être fait prisonnier par Octave.

CLÉOPÂTRE, REINE D'ÉGYPTE

Cléopâtre, la fille du roi égyptien Ptolémée XII Aulète (95-51 av. J.-C.), serait née en 69 av. J.-C. Peu de sources égyptiennes font mention de sa vie. Tout ce que nous savons d'elle, nous le devons au vainqueur d'Actium. Pourtant elle apparaît comme une des figures féminines les plus importantes de l'histoire de l'Antiquité. Maîtresse de Jules César, avec qui elle aurait eu un fils prénommé Césarion, elle devient la reine d'un puissant royaume vassal de Rome, l'Égypte.

La relation amoureuse que connaît Cléopâtre avec Marc Antoine est entrée dans la légende, puisqu'elle est l'une des principales causes de la guerre entre l'Égypte et Rome et le point culminant de la rivalité entre Marc Antoine et Octave. La souveraine est présente durant la bataille d'Actium et sa fuite soudaine joue un rôle décisif dans l'issue des combats. Vaincue par l'armée romaine, elle se suicide finalement en 30 av. J.-C., peu de temps après Marc Antoine. Sa mort reste elle aussi gravée dans l'imaginaire collectif : alors qu'elle prend son dernier repas en compagnie de ses deux fidèles servantes, on lui apporte un panier de figues dans lequel est dissimulé un aspic (terme employé en Égypte pour désigner le cobra égyptien). Piquée par ce serpent au sein ou au bras, Cléopâtre disparaît, préférant une mort noble à un honteux défilé derrière le char d'Octave lors de son futur triomphe. Plus encore qu'un personnage historique, Cléopâtre est devenue au fil des siècles une figure marquante de l'histoire qui fascine encore 21 siècles après sa mort.

ANALYSE DE LA BATAILLE

PRÉPARATIFS DE MARC ANTOINE

En 32 av. J.-C., lorsque Marc Antoine apprend la déclaration de guerre faite à Cléopâtre par Rome, il se rend à Éphèse (ville d'Asie Mineure) avec la reine d'Égypte afin de préparer l'affrontement. Même si la guerre ne lui a pas été déclarée personnellement et qu'il peut donc encore changer de camp, il choisit de ne pas abandonner son amante. Dès lors, les préparatifs vont bon train dans les deux camps : les troupes et les mercenaires sont enrôlés et les impôts sont levés dans les cités romaines.

Très vite, la bataille apparaît comme une confrontation entre l'Orient et l'Occident. Toute l'Italie, mais aussi la Gaule, l'Espagne et la Libye soutiennent ouvertement Octave. De son côté, Marc Antoine reçoit le soutien des nations orientales : la Syrie, la Judée, l'Arabie et l'Asie Mineure rejoignent son camp. Consciente du caractère décisif de la bataille, Cléopâtre demande à tous les rois et aux princes d'Orient sous domination romaine ou égyptienne de fournir à Marc Antoine ce dont il a besoin pour mener à bien cette guerre.

Si Octave se présente comme l'unique défenseur des intérêts romains face à l'avidité de Cléopâtre et de l'Égypte, Marc Antoine, quant à lui, jure publiquement devant ses soldats – qui sont majoritairement romains – qu'il ne s'agit pas là d'une guerre contre leur patrie. Il leur promet qu'en cas de victoire, il se déchargera de son commandement et remettra le pouvoir entre les mains du Sénat et du peuple de Rome. Il cherche donc à se présenter comme un ardent défenseur de la République et non comme un traître à sa patrie. En outre, il accuse Octave de manipuler le peuple afin de satisfaire son ambition démesurée. Marc Antoine insiste sur cette différence fondamentale : Octave ne se bat que pour devenir le maître suprême tandis que lui se bat pour la liberté de tous, à commencer par celle du peuple romain.

En 32 av. J.-C., Marc Antoine reçoit de Cléopâtre de nombreux biens : 200 navires viennent s'ajouter aux 300 qu'il possède déjà. Elle lui fournit également de l'argent ainsi que de la nourriture pour son armée et décide de partir avec lui pour la Grèce. Après avoir rassemblé leurs forces, les deux amants dirigent cette importante flotte jusqu'à Athènes, où ils font escale pour plusieurs semaines. Les historiens latins prétendent que Marc Antoine se serait alors perdu en fêtes somptueuses, au grand étonnement de ses soldats parce qu'aucune victoire n'avait été remportée jusque-là.

PRÉPARATIFS D'OCTAVE

Dans un premier temps, Octave est surpris par la rapidité de Marc Antoine à préparer la guerre. Au moment où son rival quitte l'Égypte, il doit encore mater une révolte en Italie, née de l'impôt qu'il a levé pour financer la guerre. Craignant que les combats ne se déroulent sur le sol italien, Octave se montre tout d'abord dépassé par les événements. Heureusement pour lui, Marc Antoine stationne longuement à Athènes, repoussant ainsi son attaque.

C'est en 31 av. J.-C. que Marc Antoine reprend sa marche vers l'ouest et fait mouiller sa flotte à Actium, à l'entrée du golfe d'Ambracie (nord-ouest de l'Acarnanie, en Grèce). Ce lieu n'a pas été choisi par hasard : il offre une rade propice au stationnement des vaisseaux avant l'assaut. Encouragé par les hésitations et la lenteur de son rival qui a perdu de précieuses semaines en Grèce, Octave décide de passer à l'attaque le plus rapidement possible. Sa flotte quitte donc le port de Brindes (sud-est de l'Italie) et traverse la mer Ionienne en direction du promontoire. Son objectif est de filer vers Actium où se trouve la flotte de son adversaire afin de s'en emparer. À ce moment, une partie de l'armée terrestre de Marc Antoine n'est pas encore arrivée à Actium, ce qui inquiète le général romain. Malgré tout, Octave hésite et n'attaque pas, mais il décide d'instaurer un blocus autour du port afin d'enfermer la flotte de Marc Antoine dans la rade d'Actium.

FORCES EN PRÉSENCE

Marc Antoine possède 300 navires de très grande taille, auxquels s'ajoutent les 200 vaisseaux égyptiens, plus petits et maniables. Selon

Plutarque (écrivain grec, 50-125 apr. J.-C.), son armée compte près de 200 000 hommes, ce qui lui donne un avantage sur terre considérable. Marc Antoine peut ainsi compter sur quelques frondeurs (lanceurs de pierre), vélites (lanceurs de javelots) et de nombreux archers à pied.

Les 400 vaisseaux romains sont de plus petite taille, ce qui les rend très rapides et faciles à manœuvrer. Octave s'appuie sur une force de 80 000 soldats : il dispose donc de plus de moyens. Toutefois, la flotte d'Octave est menée par des marins professionnels, tandis que celle de son adversaire est composée de fantassins et de cavaliers enrôlés dans l'urgence. La différence se fera donc au cours du combat naval.

<u>LE SAVIEZ-VOUS ?</u>

Il existe un petit chemin de terre qui relie le camp de Marc Antoine à la rade où ses vaisseaux sont mouillés et que le général romain emprunte tous les jours pour inspecter sa flotte. Ayant remarqué ce détail, Octave décide de tendre une embuscade à son rival pour l'enlever. Le piège échoue de peu : les soldats d'Octave parviennent à se saisir du garde précédant Marc Antoine, mais ils sont sortis trop tôt de leur cachette, ce qui permet à Antoine de se sauver *in extremis* de ses ravisseurs. Si cette ruse avait fonctionné, la bataille d'Actium n'aurait peut-être jamais eu lieu.

BATAILLE TERRESTRE OU NAVALE ?

Alors que Marc Antoine possède des forces supérieures à celles d'Octave sur terre, il décide de combattre sur mer. Les historiens modernes se sont longtemps interrogés quant à la pertinence de cette décision lourde de conséquences puisqu'elle entraîne sa débâcle. La propagande d'Octave se contente, quant à elle, d'ironiser en soulignant la faiblesse de son adversaire qui souhaitait contenter Cléopâtre. Par ailleurs, ses lieutenants l'auraient vivement encouragé à se battre sur terre, car les navires, trop grands pour être convenablement manœuvrés, manquent de rameurs et de marins. Il est d'ailleurs obligé de recruter en Grèce des hommes inexpérimentés pour compléter les équipages. De plus, les légionnaires romains qui le suivent sont très peu habitués aux combats navals. Pourtant, c'est finalement l'avis de Cléopâtre qui l'emporte : pour elle, la bataille doit avoir lieu sur la mer. Elle souhaite en effet quitter au plus vite Actium afin de regagner l'Égypte, qu'elle a trop longtemps laissée sans dirigeant. Marc Antoine doit également faire face à de nouveaux problèmes : la désertion et la malaria font des ravages au sein de son armée, ce qui limite plus encore le nombre de matelots en état de combattre.

De son côté, Octave a la ferme intention de livrer une bataille décisive à Actium ; alors que pour ses adversaires, l'engagement qui s'annonce ne doit être qu'une escarmouche visant à fuir Actium pour mieux se reformer et combattre sur la terre ferme. Par conséquent, Marc Antoine envisage un combat rapide et peu coûteux en vie, car il est persuadé que la supériorité technique de ses navires lui confère un avantage décisif.

L'AFFRONTEMENT

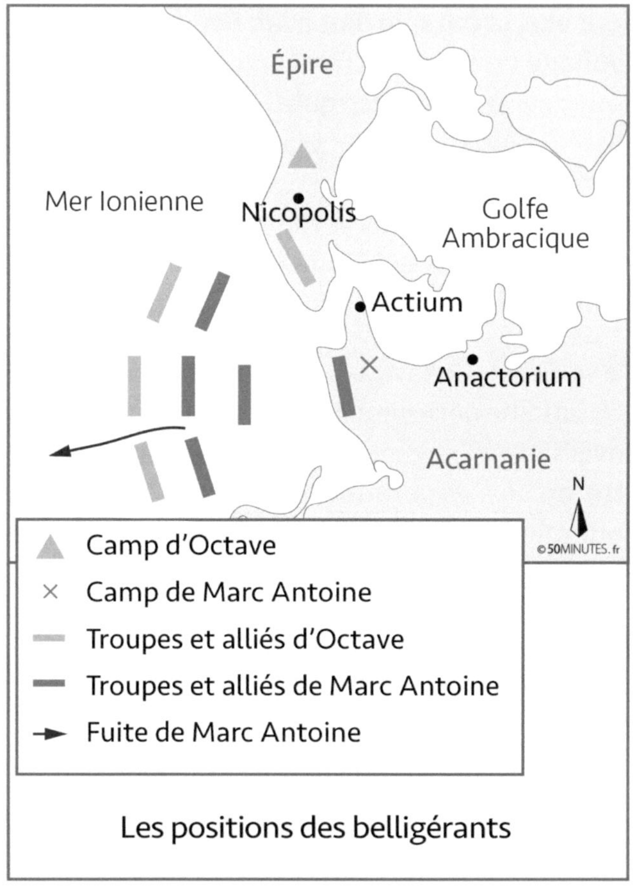

Les positions des belligérants

Lorsque débutent les hostilités, Octave, Cléopâtre et Marc Antoine sont tous les trois présents sur le champ de bataille. Il semblerait que ce dernier aurait fait construire des tours élevées sur ses navires afin que ses équipages – parmi lesquels se trouve une multitude d'archers et de frondeurs – combattent comme du haut d'un rempart.

De leur côté, Octave et son fidèle ami Marcus Vipsanius Agrippa observent attentivement la flotte voisine. Ils ordonnent à leurs vaisseaux de se tenir éloignés de leurs adversaires d'environ 1,5 kilomètres afin que les projectiles ennemis ne les touchent pas. S'il veut forcer le barrage, Marc Antoine est donc contraint de se déplacer et n'a devant lui qu'une possibilité : quitter Actium et foncer vers le large où se trouve son adversaire.

Après quelques manœuvres d'intimidation, la flotte de Marc Antoine se met en mouvement et file vers les vaisseaux de Marcus Vipsanius Agrippa. Celui-ci ordonne à ses navires de reculer davantage encore pour attirer l'ennemi hors de la rade d'Actium, en haute mer. L'objectif est simple : emmener vers le large les lourdes galères de Marc Antoine pour les disperser et les éparpiller.

Dans un premier temps donc, les vaisseaux d'Octave ne cherchent pas le choc direct, car ils se savent moins solides que ceux de Marc Antoine. Conscient de cela, Marcus Vipsanius Agrippa préfère rassembler plusieurs navires et fondre ensuite sur un vaisseau ennemi isolé. Ainsi, les navires d'Octave commencent par heurter un vaisseau adverse pour créer un maximum de dégâts, puis ils interrompent leur attaque et reviennent à la charge rapidement et à plusieurs. Les navires de Marc Antoine sont harcelés de toutes parts : la bataille bascule avant même que l'abordage ne soit ordonné. Par cette tactique, Marcus Vipsanius Agrippa et Octave démontrent qu'une bataille ne se gagne pas uniquement grâce à une supériorité numérique et technique.

Les lourds vaisseaux de Marc Antoine se défendent à la manière de cités assiégées : ils bombardent l'ennemi d'une pluie de pierres, de flèches et de javelots depuis leurs tours. Leur puissance de frappe leur permet de couler rapidement les navires d'Octave, mais leur précision et leur rapidité d'action sont trop faibles pour se montrer réellement efficaces.

LA RETRAITE DE CLÉOPÂTRE

L'issue du conflit est cependant encore incertaine, car la tactique mise en place par Marcus Vipsanius Agrippa nécessite beaucoup de temps. Selon les historiens antiques, c'est la fuite de Cléopâtre qui précipite le sort de la bataille. En effet, la reine se trouve depuis le début de l'offensive sur son navire, à l'arrière des troupes de Marc Antoine. Mais, alors que son navire est en sûreté, elle décide de quitter précipitamment le champ de bataille. La reine d'Égypte ne fuit pas seule : elle rappelle ses sujets par un signal afin que ceux-ci lui emboîtent le pas. L'échappée est si brusque que les navires égyptiens sèment la pagaille dans les rangs de l'armée de Marc Antoine. Aujourd'hui encore, ce revirement de situation constitue un événement inexpliqué et incompréhensible. Les sources latines, promptes à condamner Cléopâtre, affirmeront qu'elle a fui car, devant la lenteur des combats, elle aurait succombé à une impatience toute féminine.

LA FUITE DE MARC ANTOINE

Remarquant la fuite de sa bien-aimée, Marc Antoine décide de quitter, lui aussi, le champ de bataille pour la suivre. Il abandonne donc ses propres troupes au beau milieu des combats, après avoir grimpé dans une petite galère rapide afin de rejoindre le navire de Cléopâtre. Si le général est sain et sauf, il vient de perdre son honneur.

Malgré ce départ, la bataille continue à faire rage. Marcus Vipsanius Agrippa poursuit sa tactique d'harcèlement, mais la flotte de Marc Antoine résiste bien. Alors, afin d'accélérer les événements, Octave ordonne de prendre d'assaut les navires ennemis. L'abordage peut donc avoir lieu et le combat au corps à corps commence. Dans la confusion, toutes les armes sont utilisées : haches, épées, pierres, etc. Les soldats de Marc Antoine parviennent toutefois à refouler les assaillants. Pour reprendre l'avantage, les hommes d'Octave lancent alors des traits enflammés et tentent de brûler les vaisseaux ennemis avec de la poix (matière collante très inflammable). C'est finalement cette tactique qui vient à bout des forces de Marc Antoine. Bien aidé par le vent qui vient de se lever, le feu se propage sur de nombreux navires. Un grand nombre de soldats de Marc Antoine meurent étouffés par la fumée émanant de l'incendie. Le combat n'ayant plus beaucoup de sens, les soldats de Marc Antoine consentent à déposer les armes et à se rendre : Octave vient de remporter la bataille la plus importante de son existence.

L'historien Plutarque estime que l'armée de Marc Antoine a perdu environ 5 000 hommes ainsi que 300 vaisseaux, tandis que Paul Orose (prêtre espagnol, 390-418) avance 13 000 morts. Au sein de l'armée d'Octave, les chiffres restent inconnus : aucun auteur antique n'a mentionné combien d'hommes ont péri du côté du vainqueur. Les historiens supposent toutefois que les pertes ont été importantes, car l'engagement fut longtemps indécis.

Après une longue bataille, Octave peut à présent savourer sa victoire : le monde romain est désormais à ses pieds.

RÉPERCUSSIONS DE LA BATAILLE

DISPARITION DES RIVAUX D'OCTAVE

Marc Antoine et Cléopâtre fuient Actium et voguent maintenant vers l'Égypte. Quelques navires d'Octave ont bien tenté de se lancer à leur poursuite pour les capturer, en vain. De retour à Alexandrie, Marc Antoine sombre dans une profonde dépression suite à son comportement au cours de la bataille. Cléopâtre, quant à elle, tente de sauver ce qui peut encore l'être, mais la situation est désespérée : peu à peu ses alliés lui tournent le dos et se soumettent à Octave pour éviter sa vengeance.

Un an après la bataille, alors que ce dernier se dirige avec ses troupes vers l'Égypte, Marc Antoine et Cléopâtre cherchent en vain à parlementer avec lui. Octave se montre désormais prêt à négocier avec la reine égyptienne si elle consent à faire exécuter son amant ou à le bannir d'Égypte. La seule chose qui importe le plus aux yeux de

Cléopâtre est que son fils Césarion ne soit pas tué et que ses enfants puissent avoir accès au trône d'Égypte après sa mort. Elle fait alors courir la fausse nouvelle de son suicide jusqu'à Marc Antoine afin qu'il opte lui aussi pour cette fin.

Abandonné par tous ses partisans et par sa bien-aimée, Marc Antoine se résout à mettre fin à ses jours, en s'enfonçant une épée dans la poitrine. Grièvement blessé, il est porté auprès de Cléopâtre, encore vivante, et décède le 1er août 30 av. J.-C. À Rome, on dit de lui qu'il rachète par cette mort courageuse sa lâcheté.

Apprenant le décès de son rival, Octave souhaite à tout prix ramener Cléopâtre vivante à Rome afin qu'elle puisse défiler comme captive lors de son triomphe. Il la rencontre donc et lui promet un bon traitement si elle promet de ne pas atten-ter à sa vie, ce qu'elle feint d'accepter. Quelques jours plus tard, elle se suicide.

OCTAVE, SEUL MAÎTRE DE ROME ET FUTUR EMPEREUR

Dès lors, Octave veut se présenter comme l'unificateur des Romains et le pacificateur du monde. Très vite après la bataille d'Actium, il incorpore dans son armée les soldats romains survivants de l'armée de Marc Antoine. Désireux de punir les provinces, les villes ou les royaumes qui ont soutenu son rival, Octave leur impose de lourds impôts. Lorsqu'il apprend le décès de Cléopâtre, il réduit l'Égypte en province romaine, signant ainsi la fin de la dynastie des Lagides (famille de Cléopâtre) qui régnait sur le pays depuis 270 ans.

Si Octave sait se montrer généreux envers les trois enfants que Marc Antoine a eus avec Cléopâtre, il se montre intraitable avec Césarion. L'enfant est en effet exécuté peu de temps après la mort de sa mère, jugeant qu'il aurait été dangereux de laisser vivre le fils présumé de Jules César.

Les conséquences de cette bataille sont importantes sur le plan politique : Octave est désormais sans rival et sa victoire lui assure le contrôle de toute la Méditerranée. La bataille d'Actium met donc un terme à la période des guerres ci-viles qui déchiraient Rome depuis longtemps. Le temps des luttes entre Romains pour obtenir le pouvoir suprême est donc révolu.

La bataille d'Actium signe la mort de la République aristocratique qui dirigeait Rome depuis de nombreuses années. Pour autant, c'est au terme d'un siècle d'évolutions politiques qu'Octave instaure le principat en 27 av. J.-C. La bataille n'a fait qu'accélérer le processus de concentration des pouvoirs en éliminant son dernier rival. Certains historiens soulignent que, dès l'époque de Jules César, le régime politique en place avait été remplacé par la monarchie. Pour autant, Octave imaginait-il, lorsqu'il pre-nait le nom d'Auguste, que le modèle impérial survivrait durant plusieurs siècles et dominerait l'Occident et l'Orient pour longtemps ? Il est permis d'en douter.

EN RÉSUMÉ

44 av. J.-C.
15 mars : Assassinat
de Jules César

43 av. J.-C.
Second triumvirat

36 av. J.-C.
Lépide est destitué

32 av. J.-C.
Octavie est répudiée

31 av. J.-C.
2 sept. : Début de la bataille
d'Actium

30 av. J.-C.
Suicide de Marc Antoine et
de Cléopâtre

27 av. J.-C.
Proclamation du principat
par Octave

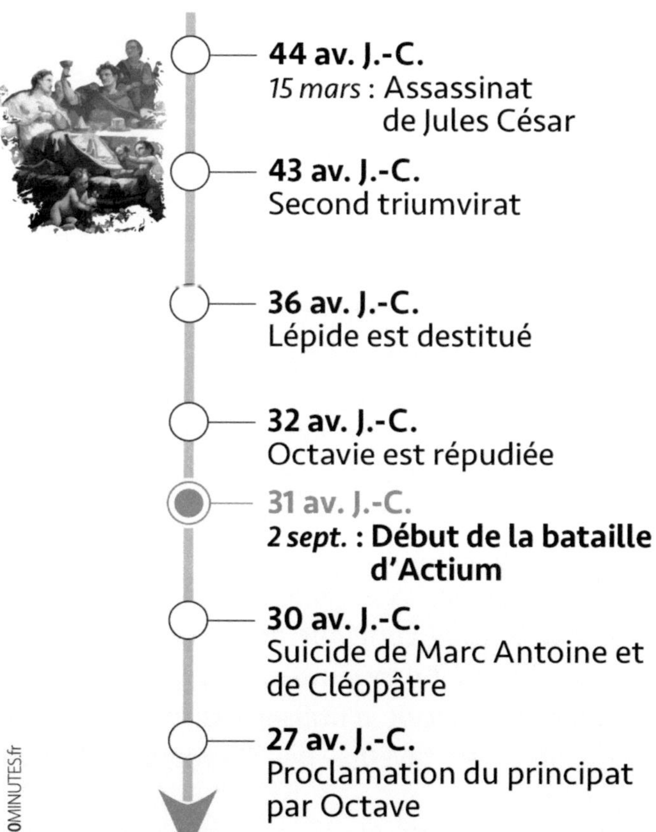

- Le 15 mars 44 av. J.-C., Jules César est poignardé en plein Sénat. La conjuration est menée par Caius Cassius Longinus et Marcus Junius Brutus, le fils adoptif de Jules César.

- Commence alors une véritable lutte qui vise à combattre les deux meurtriers. Pour ce faire, un nouveau triumvirat est créé, qui lie Marc Antoine, Octave et Lépide. Les Césaricides sont finalement défaits lors de la bataille de Philippes en 42 av. J.-C.

- Deux ans plus tard, Octave accuse Lépide d'outrepasser ses prérogatives, le destitue et confisque à son compte ses possessions, ce qui n'est pas du goût de Marc Antoine.

- Alors que Marc Antoine se prépare à mener une guerre contre les Parthes, il convoque Cléopâtre en Cilicie. Cette dernière est ac-cusée d'avoir aidé Marcus Junius Brutus et Caius Cassius Longinus après l'assassinat de Jules César. Consciente de l'enjeu diploma-tique, elle décide d'utiliser ses charmes pour s'attirer les faveurs de l'homme politique romain.

- Devenu un véritable monarque hellénistique, Marc Antoine prend des décisions insupportables pour les Romains. Malgré son union avec Octavie, il vit une véritable histoire d'amour avec Cléopâtre et offre certains territoires romains aux enfants qu'il a eus avec son amante.

- La situation ne s'arrange guère lorsqu'en 32 av. J.-C., Marc Antoine répudie sa femme. C'en est trop pour Octave, qui parvient à rallier les sénateurs pour entamer une guerre contre Cléopâtre grâce à la lecture du testament de Marc Antoine.

- Dans les deux camps, les préparatifs vont bon train. À quelques jours de l'assaut, Marc Antoine possède 500 vaisseaux, dont la plupart sont rendus difficilement maniables par leurs dimensions, et environ 200 000 hommes. De son côté, Octave dispose de 400 vaisseaux plus petits et plus rapides, et peut compter sur 80 000 hommes.

- Alors que Marc Antoine aurait tout intérêt à combattre sur terre, il se range à l'avis de Cléopâtre qui désire, elle, une bataille navale.

- Les hostilités commencent le 2 septembre 31 av. J.-C. La tactique mise en place par Marcus Vipsanius Agrippa permet de harceler constamment les vaisseaux de Marc Antoine qui, même s'ils parviennent à se défendre, se montrent peu efficaces.

- Le sort de la bataille est précipité par la fuite de Cléopâtre, très vite rejointe par Marc Antoine. Le camp d'Octave profite de ce coup de théâtre pour reprendre l'avantage. Grâce à leurs traits enflammés, ils parviennent à incendier les vaisseaux ennemis. La bataille est ainsi gagnée.

- Un an plus tard, alors que les troupes d'Octave pénètrent à Alexandrie pour arrêter Marc Antoine et Cléopâtre, ceux-ci se suicident. Octave devient ainsi le seul maître de Rome. Il instaure en 27 av. J.-C. le principat et prend le nom d'Auguste.

Votre avis nous intéresse !
Laissez un commentaire sur le site de votre
librairie en ligne et partagez vos coups de cœur sur
les réseaux sociaux !

POUR ALLER PLUS LOIN

SOURCES BIBLIOGRAPHIQUES

- VIRGILE, *L'Énéide*, Paris, Les Belles Lettres, 1977.

- VELLEIUS PATERCULUS, *Histoire romaine*, Paris, Les Belles Lettres, 1982.

- PLUTARQUE, *Les Vies des hommes illustres. Vie d'Antoine*, tome XIII, Paris, Les Belles Lettres, 1977.

- TACITE, *Annales*, Paris, Les Belles Lettres, 1976.

- TACITE, *Histoires*, Paris, Les Belles Lettres, 1987.

- SUÉTONE, *Vie des XII Césars. Vie d'Auguste*, tome 1, Paris, Les Belles Lettres, 1931.

- JUVÉNAL, *Satires*, Paris, Les Belles Lettres, 1921.

- DION CASSIUS, *Histoire romaine*, Paris, Les Belles Lettres, 2010.

SOURCES COMPLÉMENTAIRES

- BINGEN (Jean), *La politique dynastique de Cléopâtre VII*, Comptes rendus des séances de l'Académie des Inscriptions et Belles Lettres, vol. 143, n°1, p. 49-66.

- BOUCHÉ-LECLERCQ (Auguste), *Histoire des Lagides*, Bruxelles, Culture et Civilisation, 1904.

- CASTELLANI (Robert-Noël), *Le testament politique de l'Antiquité. Des origines de la mémoire historique à la bataille d'Actium, 31 av. J.-C.*, Paris, F.-X. de Guibert, 2001.

- CHAVEAU (Michel), *L'Égypte au temps de Cléopâtre. 180-30 av. J.-C.*, Paris, Hachette, 1997.

- GREEN (Peter), *D'Alexandre à Actium. Du partage de l'empire au triomphe de Rome*, Paris, Robert Laffont, 1997.

- LARROUY (Maurice), *Antoine et Cléopâtre. La bataille d'Actium*, Paris, Le Masque, 1934.

- MARTIN (Paul), *Antoine et Cléopâtre. La fin d'un rêve*, Paris, Albin Michel, 1990.

- MOSSÉ (Claude), *Précis d'histoire grecque. Du début du deuxième millénaire à la bataille d'Actium*, Paris, A. Colin, 2003.

- VIAL (Claude), *Les Grecs. De la paix d'Apamée à la bataille d'Actium*, Paris, Seuil, 1995.

ROMANS

- HORACE, Ode I, 37.

- SHAKESPEARE (William), *Antoine et Cléopâtre*, 1606.

FILMS

- *Cléopâtre*, film de Cecil B. DeMille, avec Claudette Colbert Warren William et Henry Wilcoxon, États-Unis, 1934.

- *Cléopâtre*, film de Joseph L. Mankiewicz, avec Elizabeth Taylor, Richard Burton et Rex Harrison, États-Unis, 1963.

- *Rome*, série télévisée de John Milius, William J. Mac Donald et Bruno Hello, États-Unis, 2005-2007.

BÂTIMENT COMMÉMORATIF

- Les ruines de Nicopolis (« la ville de la victoire »), cité fondée par Octave afin de commémorer sa victoire à la bataille d'Actium, à l'entrée du golfe d'Ambracie (Grèce).

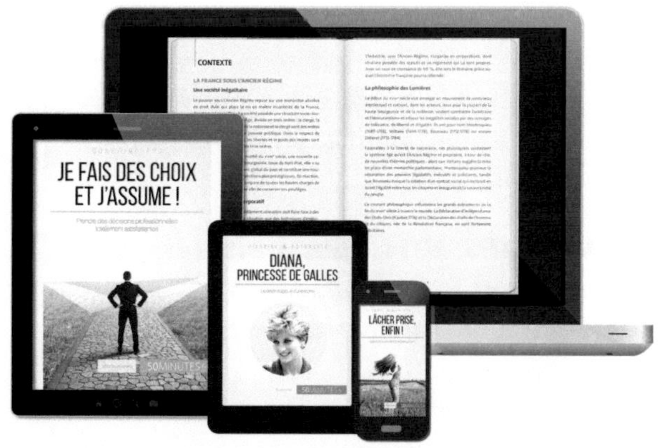

ISBN ebook : 978-2-8062-5402-3
ISBN papier : 978-2-8062-5583-9
Dépôt légal : D/2014/12603/2
Photo de couverture : *Le repas de Cléopâtre et de Marc Antoine*, Charles-Joseph Natoire © Domaine public

Conception numérique : Primento, le partenaire numérique des éditeurs